Bernhard Stentenbach

Französisch sprechen für Jugendliche

Worüber man mit jungen Franzosen spricht

smf

smf-Buch
sicher in modernen Fremdsprachen

Copyright © 2014 Bernhard Stentenbach, Langenfeld
Umschlaggestaltung: Katja Eilders, Leichlingen
Herstellung und Verlag: BoD - Books on Demand, Norderstedt
Made in Germany
ISBN 978-3-7357-2360-4

Vorwort

Dieses Buch richtet sich an Jugendliche mit Grundkenntnissen in Französisch. Es ist ein unverzichtbarer Helfer für persönliche Kontakte mit jungen Franzosen. Das Buch enthält praktische und leicht anwendbare Sätze für eine flüssige Verständigung mit dem französischen Freund/ der französischen Freundin und seinem/ ihrem Umfeld. Berücksichtigt werden insbesondere alle wesentlichen Gesprächssituationen für einen Aufenthalt in Frankreich.

Inhalt

1 Sich vorstellen 7
2 Seinen Wohnort beschreiben 11
3 Ankunft bei der Gastfamilie in Frankreich 12
4 Über seine Familie sprechen 14
5 Essen und Trinken 17
6 Schule 22
7 In der Stadt 26
8 Handy, Computer, Fernsehen 29
9 Freizeit und Freunde 32
10 Missgeschick, Verletzung, Unwohlsein 37
11 Abschied 39
12 Allgemeine Sprachkontakte 40

1 Sich vorstellen

Familie, Schule

Hallo!	Salut!
Ich heiße …	Je m'appelle …
Ich wohne in einer kleinen Stadt in der Nähe von …	J'habite dans une petite ville près de …
Ich bin … Jahre alt.	J'ai … ans.
Ich habe einen Bruder und eine Schwester.	J'ai un frère et une sœur.
Mein Bruder ist … Jahre alt.	Mon frère a … ans.
Meine Schwester ist … Jahre alt.	Ma sœur a … ans.
Mein Bruder geht aufs Gymnasium.	Mon frère va au lycée.
Meine Schwester macht eine Ausbildung als Laborantin.	Ma sœur fait un apprentissage de laborantine.
Mein Vater ist Banker.	Mon père est banquier.
Meine Mutter ist Krankenschwester.	Ma mère est infirmière.

―――――――――

Wir haben einen Hund und eine Katze.	Nous avons un chien et un chat.
Der Hund / Die Katze heißt …	Le chien / Le chat s'appelle …

―――――――――

Ich gehe auf die Realschule / aufs Gymnasium.	Je vais au collège / au lycée.
Ich bin in der achten / in der neunten Klasse.	Je suis en huitième / en neuvième.
Ich lerne seit zwei Jahren Französisch.	J'apprends le français depuis deux ans.
Meine Lieblingsfächer sind Französisch und Geschichte.	Mes matières préférées sont le français et l'histoire.

Hobbys

Meine Hobbys sind Tennis und Musik. Mes hobbies sont le tennis et la musique.
Ich spiele Tennis und Basketball. Je joue au tennis et au basketball.

Sportliche Hobbys

Fußball spielen	jouer au foot(ball)
Tennis spielen	jouer au tennis
Handball spielen	jouer au handball
Volleyball spielen	jouer au volley(-ball)
Basketball spielen	jouer au basket(-ball)
Tischtennis spielen	jouer au ping-pong
Fitness machen	faire du fitness
Reiten	faire du cheval
Rad fahren	faire du vélo
Schwimmen	nager

Meine Hobbys sind: Musik hören, lesen, kochen. Mes hobbies sont: écouter de la musique, lire, faire la cuisine.
Ich höre gern Musik. J'aime bien écouter de la musique.

Weitere Hobbys

Musik hören	écouter de la musique
Gitarre spielen	jouer de la guitare
Bücher lesen	lire des livres
Fotografieren	faire de la photo
Tiere fotografieren	photographier des animaux
Malen	faire de la peinture
Tanzen	danser
Shoppen gehen	faire du shopping

———————

Ich gehe gern ins Kino. J'aime bien aller au cinéma.
Ich gehe oft ins Fitnessstudio. Je vais souvent au centre de fitness.

Ich gehe gerne mit Freunden weg.	J'aime bien sortir avec mes amis.
Ich treffe mich gerne mit Freunden.	J'aime bien rencontrer des amis.
Ich gehe gern mit Freunden feiern.	J'aime bien faire la fête avec mes amis.

Ich höre viel Musik, besonders Rockmusik.	J'écoute beaucoup de musique, surtout du rock.
Ich höre am liebsten Rock und Pop.	Je préfère le rock et le pop.
Ich bin ein Fan der Gruppe …	Je suis fan du groupe …
Ich lese viel, besonders Fantasyromane.	Je lis beaucoup, surtout des romans fantastiques.
Ich lese am liebsten Krimis.	Je préfère les romans policiers.

Ich koche gern.	J'aime bien faire la cuisine.
Ich backe gerne Kuchen.	J'aime bien faire des gâteaux.

Ich bin viel am Computer.	Je passe beaucoup de temps sur mon ordinateur.
Ich spiele viel auf meinem PC / auf meinem Smartphone.	Je joue beaucoup sur mon pc / sur mon smartphone.
Ich spiele viel auf meiner Playstation.	Je joue beaucoup sur ma playstation.
Ich surfe gern im Netz.	J'aime surfer sur le Net.
Ich chatte wahnsinnig gern im Internet.	J'adore chatter sur Internet.

Ich interessiere mich sehr für Psychologie und Kunst.	Je m'intéresse beaucoup à la psychologie et à l'art.

Ich liebe es auch zu reisen und andere Kulturen kennen zu lernen.	J'aime aussi voyager et connaître d'autres cultures.
Ich war schon zwei Wochen in England mit dem Schüleraustausch.	J'ai déjà été deux semaines en Angletrre en échange scolaire.
Letztes Jahr war ich vier Wochen in Finnland.	L'année dernière, j'ai passé quatre semaines en Finlande.
Ich habe dort einen Brieffreund / eine Brieffreundin.	J'y ai un correspondant / une correspondante.
Antworte mir bald!	Réponds-moi bientôt.
Ich warte mit Ungeduld auf deine Mail. Bis bald!	J'attends ton e-mail avec impatience. A bientôt.

2 Seinen Wohnort beschreiben

Ich wohne in …	J'habite à …
Das ist eine Stadt in der Nähe von …	C'est une ville près de …
Das ist zwischen Hamburg und Berlin.	C'est entre Hambourg et Berlin.
Das ist 20 km von Köln entfernt.	C'est à 20 km de Cologne.
Das ist in Norddeutschland.	C'est dans le Nord de l'Allemagne.

in Norddeutschland	dans le Nord de l'Allemagne
in Süddeutschland	dans le Sud de l'Allemagne
in Westdeutschland	dans l'Ouest de l'Allemagne
in Ostdeutschland	dans l'Est de l'Allemagne

―――――――――

Unsere Stadt ist nicht weit vom Rhein / von der Mosel entfernt. — Notre ville n'est pas loin du Rhin / de la Moselle.

der Rhein	le Rhin
die Elbe	l'Elbe
die Donau	le Danube
die Mosel	la Moselle
der Neckar	le Neckar

Wir wohnen an der Nordsee. — Nous habitons au bord de la mer du Nord.

an der Nordsee	au bord de la mer du Nord
an der Ostsee	au bord de la mer Baltique.

Unsere Stadt liegt an einem See. — Notre ville est au bord d'un lac.

―――――――――

In unserer Region gibt es viele Wälder. — Dans notre région, il y a beaucoup de forêts.

Es gibt auch viel Industrie. — Il y a aussi beaucoup d'industries.

3 Ankunft bei der Gastfamilie in Frankreich

Ich bin sehr froh, dass ich hier bin. — Je suis très content(e) d'être ici.

Die Fahrt mit dem Zug hat acht Stunden gedauert. — Le trajet en train a duré huit heures.

Ich hatte eine gute Fahrt. — J'ai fait un bon trajet.

Es ist alles gut verlaufen. — Tout s'est bien passé.

Ich rufe mal meine Eltern an. — Je vais appeler mes parents.

Ich bin ziemlich müde. — Je suis assez fatigué(e).

Ich möchte gern ins Bad gehen. — J'aimerais bien aller dans la salle de bains.

Ich möchte mich etwas frisch machen. — Je voudrais faire un bout de toilette.

Kann ich duschen? — Est-ce que je peux prendre une douche?

Wo kann ich meine Sachen hinlegen? — Où est-ce que je peux mettre mes affaires?

Das ist aber schön hier. — C'est joli ici.

Das gefällt mir sehr. — Ça me plaît beaucoup.

Ich habe Ihnen ein kleines Geschenk mitgebracht. — Je vous ai apporté un petit cadeau.

Dies ist typisch für unsere Gegend. — Cela est typique de notre région.

Um wie viel Uhr muss ich morgen aufstehen? — A quelle heure est-ce que je dois me lever demain?

Um wie viel Uhr frühstücken Sie? — A quelle heure est-ce que vous prenez votre petit déjeuner?

Wohnung

Wohnung	l'appartement / le logement
Wohnzimmer	la salle de séjour
Sessel	le fauteuil
Tisch	la table
Stuhl	la chaise
Esszimmer	la salle à manger
Schlafzimmer	la chambre
Bett	le lit
Schrank	l'armoire
Küche	la cuisine
Bad	la salle de bains
Dusche	la douche
Badewanne	la baignoire
Toilette	les toilettes
Gäste-WC	le deuxième W.-C.
Keller	la cave

4 Über seine Familie sprechen

Wie heißt du?	Comment tu t'appelles?
Ich heiße …	Je m'appelle …
Wie gefällt es dir hier?	Ça te plaît ici?
Sehr gut.	Très bien.
Wo kommst du her?	D'où est-ce que tu viens?
Ich komme aus Hamburg / aus München.	Je viens de Hambourg / de Munich.
Ich wohne in …	J'habite à …
Das ist eine Kleinstadt in der Nähe von …	C'est une petite ville près de …
Ich wohne in einem Dorf im Raum Frankfurt.	J'habite dans un village, dans la région de Francfort.
Warst du schon einmal in Frankreich?	Tu as déjà été en France?
Nein, das ist das erste Mal.	Non, c'est la première fois.

Hast du Geschwister?	Tu as des frères et sœurs?
Wie alt ist dein Bruder / deine Schwester?	Ton frère / Ta sœur a quel âge?
Er/Sie ist … Jahre alt.	Il/Elle a … ans.
Verstehst du dich gut mit deinen Geschwistern?	Tu t'entends bien avec tes frères et sœurs?
Was macht dein Bruder / deine Schwester?	Que fait ton frère / ta sœur?
Er geht in dieselbe Schule wie ich.	Il va à la même école que moi.
Sie geht noch in den Kindergarten.	Elle va encore au jardin d'enfants.
Er macht eine Ausbildung als Mechatroniker.	Il fait un apprentissage de mécatronicien.

Sie arbeitet in einem Anwaltsbüro.	Elle travaille dans un bureau d'avocat.
Er/Sie ist schon mit der Schule fertig.	Il/Elle a déjà fini l'école.
Er/Sie studiert Medizin.	Il/Elle fait des études de médecine.
Er/Sie will Schauspieler/in werden.	Il/Elle veut devenir acteur/actrice.

Meine Eltern waren nicht sehr begeistert.	Mes parents n'étaient pas enthousiasmés.
Was machen deine Eltern?	Que font tes parents?
Mein Vater ist Jurist.	Mon père est juriste.
Er war ganz dagegen.	Il était absolument contre.
Meine Mutter ist Krankenschwester.	Ma mère est infirmière.
Sie ist toleranter.	Elle est plus tolérante.

Familie

meine Familie	ma famille
meine Eltern	mes parents
mein Vater	mon père
meine Mutter	ma mère
mein Bruder	mon frère
meine Schwester	ma sœur
meine Großeltern	mes grands-parents
mein Opa	mon grand-père
meine Oma	ma grand-mère
mein Onkel	mon oncle
meine Tante	ma tante
mein Cousin	mon cousin
meine Cousine	ma cousine

Berufe

Arzthelferin	une assistante médicale
Erzieher	un éducateur
Erzieherin	une éducatrice
Friseur	le coiffeur
Friseurin	la coiffeuse
Koch	le cuisinier
Köchin	la cuisinière
Kosmetikerin	une esthéticienne
Krankenpfleger	un infirmier
Krankenschwester	une infirmière
Pilot / Pilotin	le/la pilote
Schauspieler	un acteur
Schauspielerin	une actrice
Tierarzthelferin	une assistante vétérinaire
Journalist / Journalistin	le/la journaliste
Rechtsanwalt	un avocat
Rechtsanwältin	une avocate
Informatiker	un informaticien
Informatikerin	une informaticienne
Ingenieur / Ingenieurin	un/une ingénieur
Architekt / Architektin	un/une architecte
Arzt / Ärztin	le/la médecin
Zahnarzt / Zahnärztin	le/la dentiste
Lehrer	un enseignant
Lehrerin	une enseignante
(Gymnasial-)Lehrer / Lehrerin	le/la professeur
Psychologe / Psychologin	le/la psychologue

5 Essen und Trinken

Mahlzeiten

Frühstück	le petit déjeuner
frühstücken	prendre le petit déjeuner
Mittagessen	le déjeuner
zu *Mittag essen*	déjeuner
das Mittagessen machen	préparer le déjeuner
das Mittagessen einnehmen	prendre le déjeuner
Abendessen	le dîner
zu *Abend essen*	dîner
das Abendessen machen	préparer le dîner
das Abendessen einnehmen	prendre le dîner

Frühstück

Ich esse nicht viel zum Frühstück. — Je ne mange pas beaucoup au petit déjeuner.

Morgens habe ich nicht viel Hunger. — Le matin, je n'ai pas très faim.

———————

Ich nehme ein Croissant mit Marmelade. — Je prends un croissant avec de la confiture.

Ich nehme eine Scheibe Brot mit Käse. — Je prends une tartine avec du fromage.

Ich nehme auch ein Ei. — Je prends aussi un œuf.

Ich nehme kein Salz auf mein Ei. — Je ne mets pas de sel *(m.)* sur mon œuf.

Nein, danke, ich nehme kein Ei. — Non, merci, je ne prends pas d'œuf.

ein Brötchen mit Marmelade	un petit pain avec de la confiture
eine Scheibe Brot mit Schinken / mit Wurst	une tartine avec du jambon / avec de la charcuterie.

eine Scheibe Toast
  mit Käse
Stück Vollkornbrot
  mit einer Scheibe
  Light-Käse
ein Croissant mit Honig
ein Zwieback mit Butter
Müsli, ein Joghurt
	une tartine de pain grillé
	  avec du fromage.
	un morceau de pain
	  complet avec une tranche
	  de fromage light
	un croissant avec du miel
	une biscotte avec du beurre
	du musli, un yaourt

Ich nehme eine Tasse Tee. — Je prends une tasse de thé.

Ich nehme ein Glas Orangensaft. — Je prends un verre de jus d'orange.

Ich nehme keinen Zucker in den Kaffee. — Je ne mets pas de sucre dans mon café.

Ich trinke keine Milch. — Je ne bois pas de lait.

Ich mag keine Milch. — Je n'aime pas le lait.

Ich trinke lieber Orangensaft. — Je préfère le jus d'orange.

eine Tasse Kaffee	une tasse de café
ein Kaffee mit Milch	un café au lait
eine Tasse Tee	une tasse de thé
eine Tasse Kakao	une tasse de chocolat chaud
ein Glas Milch	un verre de lait
ein Glas Mineralwasser	un verre d'eau minérale
ein Glas Orangensaft	un verre de jus d'orange

Mittagessen

Nimmst du noch etwas Fleisch? — Tu prends encore un peu de viande?

Ja, gerne. — Oui, je veux bien.

Ja, aber nur noch ein klein wenig. — Oui, mais juste un petit peu.

Könnte ich bitte noch etwas Salat haben?	Est-ce que je pourrais encore avoir un peu de salade?
Kein Problem. Ich esse das gerne. Ich esse alles.	Pas de problème. J'aime bien manger ça. Je mange tout.
Nein, danke. Das ist sehr gut, aber ich bin wirklich satt.	Non, merci. C'est très bon, mais j'ai assez mangé.
Reichst du mir bitte das Salz?	Tu me passes le sel, s'il te plaît?
Können Sie mir bitte das Salz reichen?	Vous pouvez me passer le sel, s'il vous plaît?
Das schmeckt sehr gut.	C'est très bon.
Das Fleisch schmeckt sehr gut.	C'est très bon, la viande.
Das schmeckt ausgezeichnet.	C'est excellent.
Der Salat schmeckt sehr gut.	C'est délicieux, la salade.

Speisen

Fleisch	la viande
Steak	le steak
Kotelett	la côtelette
Schnitzel	une escalope
Pastete	le pâté
Würstchen	la saucisse
Hähnchen	le poulet
Fisch	le poisson

Gemüse	les légumes
Kartoffeln	les pommes de terre
Pommes frites	les pommes frites
Tomaten	les tomates
Möhren	les carottes
Erbsen	les petits pois
Pilze	les champignons
grüne Bohnen	les haricots verts

Nudeln	les pâtes
Reis	le riz

Salat	la salade
Tomatensalat	la salade de tomates

Käse

Käse	le fromage
Quark	le fromage blanc
Camembert	le camembert
Joghurt	le yaourt

Nachtisch

Nachtisch	le dessert
Zitronencreme	la crème au citron
Vanillepudding	le flan à la vanille
Mousse au chocolat	la mousse au chocolat
Kuchen	le gâteau
Obstkuchen	la tarte

Getränke

Wasser	l'eau
Mineralwasser	l'eau minérale
Coca-Cola	le coca-cola
Orangensaft	le jus d'orange
Obstsaft	le jus de fruits
Orangenlimonade	une orangeade

Obst

Obst	les fruits
Apfel	une pomme
Birne	une poire
Banane	une banane
Orange	une orange
Pfirsich	une pêche
Aprikose	un abricot
Trauben	du raisin

Pflaumen	les prunes
Kirschen	les cerises
Erdbeeren	les fraises
Himbeeren	les framboises
Ananas	un ananas

Kochen

das Mittagessen machen — préparer le déjeuner

etw. in die Microwelle tun — mettre qc au micro-ondes

den Tisch decken — mettre la table

Teller	l'assiette
Messer	le couteau
Gabel	la fourchette
Löffel	la cuillère
Tasse	la tasse
Glas	le verre
Flasche	la bouteille

den Tisch abräumen — débarrasser la table

spülen — faire la vaisselle

etw. in die Spülmaschine tun — mettre qc au lave-vaisselle

6 Schule

Allgemeines

Auf welche Schule gehst du? — Tu vas à quelle école?

Ich gehe auf die Realschule / auf eine Gesamtschule / aufs Gymnasium. — Je vais au collège / à une école intégrée / au lycée.

Wie kommst du zur Schule? — Comment vas-tu à ton école?

Ich fahre mit dem Bus / mit dem Rad. — Je prends le bus / le vélo.

Ich gehe zu Fuß. — Je vais à pied.

Wie lange brauchst du zur Schule? — Tu mets combien de temps pour aller à ton école?

Ich brauche 20 Minuten mit dem Bus / mit dem Rad / zu Fuß. — Je mets vingt minutes en bus / en vélo / à pied.

Wie viele Schüler gibt es in deiner Klasse? — Il y a combien d'élèves dans ta classe?

Habt ihr eine Kantine in eurer Schule? — Vous avez une cantine dans votre école?

Isst du in der Schule zu Mittag? — Tu manges à l'école à midi?

Unterricht

Wann fängt der Unterricht an? — A quelle heure est-ce que les cours commencent?

Wann endet der Unterricht? — A quelle heure est-ce que les cours finissent?

Habt ihr samstags Unterricht? — Vous avez cours le samedi?

Nein, samstags gibt es keinen Unterricht. — Non, le samedi, il n'y a pas cours.

Wie lange dauert euer Unterricht? — Combien de temps durent vos cours?

Und wie lange dauert eine Schulstunde? — Et combien de temps dure une heure de cours?

Fächer

Ich spreche nicht gut Französisch. — Je ne parle pas bien français.

Ich mache seit 2 Jahren Französisch. — Je fais du français depuis deux ans.

Welche Fremdsprachen lernst du? — Tu apprends quelles langues?

Ich mache Englisch und Französisch. — Je fais de l'anglais et du français.

Ich habe Englisch als 1. Fremdsprache. — J'ai anglais comme première langue.

Welches ist dein Lieblingsfach? — Quelle est ta matière préférée?

Das ist Geschichte. — C'est l'histoire.

Französisch gefällt mir sehr gut. — Le français me plaît beaucoup.

Ich mag Mathematik nicht besonders. — Je n'aime pas tellement les mathématiques.

Mathematik ist sehr schwer. — Les mathématiques sont très difficiles.

Ich bin nicht gut in Mathe. — Je ne suis pas bon/bonne en maths.

Französisch	le français
Englisch	l'anglais
Deutsch	l'allemand
Spanisch	l'espagnol
Geographie	la géographie
Geschichte	l'histoire
Physik	la physique

Chemie	la chimie
Mathematik	les mathématiques

Lehrer

Wie sind deine Lehrer?	Comment sont tes professeurs?
Sie sind im Allgemeinen nett.	En général, ils sont sympathiques.
Sie sind ganz gut.	Ils sont bons.
Mein/e Französischlehrer/in ist sehr gut.	Mon/Ma professeur de français est très bon/bonne.
Mein/e Mathelehrer/in ist sehr streng.	Mon/Ma prof de maths est très strict/e.
Er/Sie gibt viele Hausaufgaben auf.	Il/Elle nous donne beaucoup de devoirs à faire.

Schulische Aktivitäten

Ich bin in einer Theater-AG.	Je suis dans un cours de théâtre.
Ich bin in einem Chor.	Je fais partie d'une chorale.
Es gibt mehrere Sportaktivitäten.	Il y a plusieurs activités sportives.
Man kann Tischtennis spielen	On peut jouer au ping-pong.
Man kann Handball spielen.	On peut jouer au handball.

Hausaufgaben

Ich mache meine Hausaufgaben in der Schule.	Je fais mes devoirs à l'école.
Ich komme um zwei Uhr aus der Schule.	Je rentre de l'école à deux heures.
Nach dem Mittagessen muss ich meine Hausaufgaben machen.	Après le déjeuner, je dois faire mes devoirs.

Das dauert manchmal drei Stunden oder länger.

Im Allgemeinen habe ich nicht viel Freizeit.

Ça me prend parfois trois heures ou plus.

En général, je n'ai pas beaucoup de temps libre.

7 In der Stadt

Geschäfte und Gebäude

Entschuldigen Sie, wie komme ich bitte zur Post?	Pardon madame. Pour aller à la poste, s'il vous plaît?
Gibt es hier in der Nähe einen Geldautomaten?	Est-ce qu'il y a un distributeur de billets près d'ici?
Ist das weit?	C'est loin d'ici?
Wann öffnet der Supermarkt?	A quelle heure ouvre le supermarché?
Die Geschäfte sind bis 22 Uhr geöffnet.	Les magasins sont ouverts jusqu'à 22 heures.
Die Apotheke ist geschlossen.	La pharmacie est fermée.

der Supermarkt	le supermarché
das Kaufhaus	le grand magasin
die Bäckerei	la boulangerie
die Metzgerei	la boucherie-charcuterie
ein Lebensmittelgeschäft	une épicerie
der Tabakladen	le bureau de tabac
die Apotheke	la pharmacie
das Stadtzentrum	le centre ville
der Marktplatz	la place du marché
die Post	la poste
die Bank	la banque
eine Kirche	une église
ein Hotel	un hôtel
das Restaurant	le restaurant
die Tankstelle	la station-service
der Bahnhof	la gare
das Kino	le cinéma
das Theater	le théâtre
das Museum	le musée

Bus und U-Bahn

Gibt es einen Bus zum Stadtzentrum?	Est-ce qu'il y a un bus pour aller au centre ville?
Ich möchte zum Bahnhof fahren. Welchen Bus muss ich nehmen?	Je voudrais aller à la gare. Quel bus est-ce qu'il faut prendre?
Wo befindet sich die Bushaltestelle?	Où se trouve l'arrêt du bus?
Wo bekomme ich die Busfahrkarte?	Où est-ce que j'achète le ticket pour l'autobus?
Am Fahrkartenautomat.	Au distributeur de tickets.
Wie teuer ist eine Busfahrkarte?	C'est combien, un ticket de bus?

Entschuldigung, ich suche die nächste U-Bahn-Station.	Pardon, monsieur, je cherche la station de métro la plus proche.
Wie viel kostet eine Metrofahrkarte?	Combien coûte un ticket de métro?
Muss ich umsteigen?	Est-ce qu'il faut changer?
Wo muss ich aussteigen?	Où est-ce qu'il faut descendre?

Briefmarken kaufen

Ich möchte mir einige Ansichtskarten kaufen.	Je voudrais m'acheter quelques cartes postales.
Wo bekomme ich Briefmarken?	Où est-ce que je peux acheter des timbres?
Muss ich da zur Post gehen?	Est-ce qu'il faut aller à la poste?
Wie teuer ist eine Briefmarke nach Deutschland?	Combien coûte un timbre pour l'Allemagne?
Ich weiß nicht genau. Ich glaube, das ist 75 Cent.	Je ne sais pas exactement. Je crois que c'est 75 cents.

Ich nehme vier Briefmarken zu 75 Cent.
Je prends quatre timbres à 75 cents.

Gibt es hier in der Nähe einen Briefkasten?
Est-ce qu'il y a une boîte aux lettres près d'ici?

Shoppen gehen

Wir könnten heute Nachmittag shoppen gehen.
On pourrait aller faire du shopping cet après-midi.

Da könnte ich mir noch etwas Schickes kaufen.
Comme ça, je pourrais m'acheter quelque chose de chic.

Vielleicht finde ich ein passendes T-Shirt.
Peut-être que je trouverai un t-shirt qui va bien.

Und ich könnte mir auch noch eine Musik-CD kaufen.
Je pourrais m'acheter aussi un cd de musique.

___

Wie findest du dieses T-Shirt?
Comment est-ce que tu trouves ce t-shirt?

Es ist nicht schlecht. Die Farbe steht dir sehr gut.
Il n'est pas mal. La couleur te va très bien.

Wenn du willst, kannst du es anprobieren.
Si tu veux, tu peux l'essayer.

Da ist eine freie Kabine.
Voilà une cabine libre.

Ich nehme es. Es gefällt mir sehr gut.
Je le prends. Il me plaît très bien.

10 Euro für so ein T-Shirt, das ist nicht teuer / das ist sehr preiswert..
Dix euros pour un t-shirt comme ça, ce n'est pas cher / c'est bon marché.

8 Handy, Computer, Fernsehen

Handy

Ich will meine Eltern anrufen.	Je vais appeler mes parents.
Ich habe mit meinen Eltern telefoniert. (telefonieren mit)	J'ai téléphoné à mes parents. *(téléphoner à)*
Ich habe gestern mit ihm / mit ihr telefoniert.	Je lui ai téléphoné hier.
Ich habe ein neues Handy.	J'ai un nouveau portable.
Wie ist deine Handynummer?	Quel est ton numéro de portable?
Es ist besetzt.	C'est occupé.
Es meldet sich niemand.	Ça ne répond pas.
Ich habe auf den Anrufbeantworter gesprochen.	J'ai laissé un message sur le répondeur.
Ich habe auf die Mailbox gesprochen.	J'ai laissé un message dans la boîte vocale.
Hast du seine/ihre Telefonnummer?	Tu as son numéro de téléphone?

Guten Tag. Hier ist Bettina Pohl.	Allô? Bonjour. Ici Bettina Pohl.
Spreche ich mit Herrn Bobet?	C'est M. Bobet?
Könnte ich Ihren Sohn / Ihre Tochter sprechen?	Est-ce que je pourrais parler à votre fils / à votre fille?
Ich möchte bitte mit Pascal / mit Sylvie sprechen.	Je voudrais parler à Pascal / à Sylvie, s'il vous plaît.
Ich rufe später noch mal an.	Je rappellerai plus tard.
Könnten Sie ihm/ihr etwas ausrichten?	Pourriez-vous lui donner un message?
Oh, entschuldigen Sie. Ich habe mich verwählt.	Oh, excusez-moi. Je me suis trompé(e) de numéro.

Smartphone

Ich habe dieses Foto mit meinem Smartphone gemacht. — J'ai pris cette photo avec mon smartphone.

Ich habe ihm/ihr eine SMS geschickt. — Je lui ai envoyé un SMS.

Ich habe eine MMS bekommen. — J'ai reçu un MMS.

Ich habe ihm/ihr ein Video geschickt. — Je lui ai envoyé un vidéo.

Ich spiele oft auf meinem Smartphone. — Je joue souvent sur mon smartphone.

Computer

Ich habe Probleme mit meinem Computer. — J'ai des problèmes avec mon ordinateur.

Ich arbeite viel am Computer. — Je travaille beaucoup sur l'ordinateur.

Dieses Computerspiel läuft nicht auf meinem Laptop. — Ce jeu vidéo ne marche pas sur mon pc portable.

Ich komme nicht ins Netz. — Je n'ai pas de connexion Internet.

Ich habe dieses Programm auf meinem Tablet PC installiert. — J'ai installé ce programme sur mon tablet pc.

Ich kaufe viel online. — J'achète beaucoup en ligne.

Ich surfe viel im Netz. — Je surfe beaucoup sur le Net.

Ich chatte mit meinen Freunden. — Je chatte avec mes amis.

Ich bin auf Facebook. — Je suis sur Facebook.

Ich spiele auf meiner Playstation. — Je joue sur ma console.

Ich schicke Ihnen eine E-Mail. — Je vais vous envoyer un e-mail.

Wie ist Ihre E-Mail-Adresse? — Quelle est votre adresse e-mail?

am Computer arbeiten	travailler sur l'ordinateur
das Programm installieren	installer le programme
das Programm deinstallieren	déinstaller le programme
die Datei auf die Festplatte kopieren	copier le fichier sur le disque dur
auf das Bild klicken	cliquer sur l'image
auf dem Bildschirm lesen	lire sur l'écran
den Drucker anschließen	brancher l'imprimante
das Programm aus dem Internet herunterladen	télécharger le programme d'Internet
die Internetverbindung	la connexion Internet
im Internet telefonieren	téléphoner sur Internet

Fernsehen

fernsehen	regarder la télé
Was gibt es heute Abend im Fernsehen?	Qu'est-ce qu'il y a à la télé ce soir?
Auf welchem Sender läuft dieser Film?	Ce film passe sur quelle chaîne?
Ich höre vor allem den Musikkanal.	J'écoute surtout la chaîne musicale.
Ich mag Krimis sehr.	J'aime beaucoup les polards.
Ich mag die Musiksendungen nicht besonders.	Je n'aime pas tellement les émissions musicales.

die Nachrichten	les informations
in den Nachrichten	aux informations
die Sportsendung	l'émission sportive
die Musiksendung	l'émission musicale
die Talkshow	le talk-show
das Fernsehprogramm	le programme de télévision
die Fernbedienung	la télécommande

9 Freizeit und Freunde

Geburtstagsfete

Morgen hat mein Freund / meine Freundin Geburtstag.	Demain, c'est l'anniversaire de mon copain / ma copine.
Er/Sie macht eine Fete.	Il/Elle fait une fête.
Hast du Lust, mit mir dahin zu gehen?	Tu as envie d'y aller avec moi?
Das wird dir bestimmt gut gefallen.	Ça va sûrement te plaire beaucoup.
Da ist immer eine tolle Stimmung.	Il y a toujours une ambiance super.
Wann (= Um wie viel Uhr) fängt die Fete an?	La fête commence à quelle heure?
Ist das weit von hier?	C'est loin d'ici?
Das ist nicht weit, ungefähr 5 Kilometer.	Ce n'est pas loin. C'est à cinq kilomètres à peu près.
Wie fahren wir dahin?	Comment est-ce qu'on y va?
Wir können mit dem Bus dahin fahren.	On peut y aller en bus.
Und wie kommen wir wieder zurück?	Et comment est-ce que nous allons rentrer?
Mein Vater / Meine Mutter holt uns mit dem Auto wieder ab.	Mon père / Ma mère vient nous prendre en voiture.
Herzlichen Glückwunsch zum Geburtstag!	Bon anniversaire!
Ich wünsche dir alles Gute zum Geburtstag.	Je te souhaite un très bon anniversaire.
Ich wünsche dir alles Gute für die Zukunft.	Je te souhaite beaucoup de belles choses pour l'avenir.

Ausflüge

Hast du Lust, eine Autofahrt in die Umgebung zu machen?
Est-ce que tu as envie de faire un tour en voiture aux environs?

Hast du Interesse, in einen Zoo zu gehen?
Ça t'intéresse d'aller dans un zoo?

Wir könnten auch in einen Freizeitpark fahren.
On pourrait aussi aller dans un parc de loisirs.

Kinobesuch

Was sollen wir morgen Abend machen?
Qu'est-ce qu'on fait demain soir?

Wir könnten in die Disco gehen.
On pourrait aller en boîte.

Wir könnten ins Kino gehen.
On pourrait aller au cinéma.

Was gibt es für einen Film?
Qu'est-ce qu'il y a comme film?

Es läuft ein neuer Film.
On donne un nouveau film.

Er heißt …
Il s'appelle …

Er soll sehr gut sein.
On dit qu'il est très bien.

Man muss unbedingt diesen Film gesehen haben.
Il faut absolument aller voir ce film.

Sportliche Aktivitäten

Hast du Lust, schwimmen zu gehen.
Tu as envie d'aller nager?

Wir könnten morgen ins Schwimmbad gehen.
Nous pourrions aller à la piscine demain.

Kannst du Tennis spielen?
Tu sais jouer au tennis?

Ja, etwas. Ich lerne seit 6 Monaten Tennis.
Oui, un peu. J'apprends le tennis depuis six mois.

Hast du Lust, mit mir zu einem Fußballspiel zu gehen?
Tu as envie d'aller voir un match de football avec moi?

Golf spielen	jouer au golf
Basketball spielen	jouer au basket(-ball)
Volleyball spielen	jouer au volley(-ball)
Handball spielen	jouer au handball
Badminton spielen	jouer au badminton
Tischtennis spielen	jouer au tennis de table
Rad fahren	faire du vélo

Jugendclub

Ich gehe heute Nachmittag in den Jugendclub.	Cet après-midi, je vais au club des jeunes.
Kommst du mit?	Tu viens avec moi?
Ich treffe mich am Samstag mit Freunden.	Je vais voir des amis samedi.
Ich bin in einer Clique.	Je suis dans une bande.
Ich bin in einer Rockgruppe.	Je suis dans une bande de rock.
Wir machen Musik.	On fait de la musique.

Musik machen	faire de la musique
Gitarre / Flöte spielen	jouer de la guitare / de la flûte
Klavier / Geige spielen	jouer du piano / du violon
Keyboard spielen	jouer du keyboard
Trompete spielen	jouer de la trompette
Klarinette spielen	jouer de la clarinette
Schlagzeug spielen	jouer de la batterie
Orgel spielen	jouer de l'orgue *(m.)*

Aktivitäten zu Hause

Ich würde mir gern einige Videos im Internet ansehen.	Moi, j'aimerais bien regarder des vidéos sur Internet.
Bist du einverstanden?	Tu es d'accord?
Wir könnten uns kostenlose Online-Filme anschauen.	On pourrait regarder des films en ligne gratuits.

Ich mag Krimis sehr.	J'aime beaucoup les films policiers.
Dieser Thriller ist sehr spannend und hat viel Action.	Ce thriller a beaucoup de suspence et d'action.
Horrorfilme mag ich überhaupt nicht.	Je déteste les films d'horreur.
Ich sehe mir oft Actionfilme an.	Je regarde souvent des films d'action.
Dieser Fantasyfilm ist sehr gut.	Ce film fantastique est très bien.

Lädst du dir die Musik aus dem Netz herunter?	Tu télécharges ta musique sur le Net?
Ist das legal, Musik aus dem Internet herunterzuladen?	Est-ce que c'est légal de télécharger de la musique sur Internet?

Rauchen, Alkohol, Sex

Rauchst du?	Est-ce que tu fumes?
Willst du eine Zigarette?	Tu veux une cigarette?
Ich rauche nicht mehr.	Je ne fume plus.
Ich habe mit dem Rauchen aufgehört.	J'ai arrêté de fumer.

Trinkst du Alkohol?	Tu bois de l'alcool?
Ich trinke keinen Alkohol.	Je ne bois pas d'alcool.
Ich mag den Alkohol nicht.	Je n'aime pas l'alcool.
Ich trinke Alcopops.	Je bois des alcool-pops.

Hast du einen festen Freund / eine feste Freundin?	Tu as un petit ami / une petite amie?

*Schläfst du mit deiner Freundin / Est-ce que tu couches avec ton
   mit deinem Freund?* amie / avec ton ami?
Habt ihr Sex? Vous avez du sex?

ein Kondom benutzen	utiliser un préservatif
die Pille nehmen	prendre la pilule
sich vor Aids schützen	se protéger du sida

10 Missgeschick, Verletzung, Unwohlsein

Ein Malheur

Es ist mir ein Malheur passiert.　Il m'est arrivé un petit malheur.

Ich habe die Milchflasche umgestoßen.　J'ai renversé la bouteille de lait.

Ich habe ein Glas kaputt gemacht.　J'ai cassé un verre.

Es ist heruntergefallen.　Il est tombé par terre.

Das tut mir Leid.　Je suis désolé/e.

Das tut mir sehr Leid.　Je suis bien désolé/e.

Das macht nichts.　Ce n'est rien.

Das ist nicht schlimm.　Ce n'est pas grave.

Verletzung

Mir ist etwas Dummes passiert.　Il m'est arrivé quelque chose de stupide.

Ich habe mir in den Finger geschnitten.　Je me suis coupé au doigt.

Ich habe mich an der Hand verletzt.　Je me suis blessé/e à la main.

Das tut dir bestimmt weh.　Ça te fait mal sans doute.

Warte, ich hole dir ein Heftpflaster.　Attends! Je vais te chercher un sparadrap.

Unwohlsein

Mir ist nicht gut.　Je ne me sens pas bien.
  (= Ich fühle mich nicht wohl.)

Ich habe Kopfschmerzen / Halsschmerzen / Zahnschmerzen.	J'ai mal à la tête / à la gorge / aux dents.
Haben Sie eine Tablette?	Vous avez un comprimé?
Hier sind Tabletten gegen die Schmerzen.	Voici des comprimés contre les douleurs.
Ich glaube, ich habe Fieber.	Je crois que j'ai de la fièvre.
Mir ist übel.	J'ai mal au cœur.
Ich glaube, ich habe die Grippe.	Je crois que j'ai la grippe.
Wenn das nicht weggeht, musst du zum Arzt gehen.	Si ça ne passe pas, tu dois aller chez le médecin.
Ich habe mich erkältet.	J'ai pris froid.
Ich habe mir eine Erkältung geholt.	J'ai attrapé un rhume.
Ich hoffe, es geht bald vorbei.	J'espère que ça va vite passer.

11 Abschied

Ich will mich jetzt verabschieden.	Je vais vous dire au revoir maintenant.
Vielen Dank für alles.	Merci beaucoup pour tout.
Vielen Dank für alles, was Sie für mich getan haben.	Merci beaucoup pour tout ce que vous avez fait pour moi.
Ich hoffe, es hat dir bei uns gefallen.	J'espère qu'il t'a plu chez nous.
Es hat mir bei Ihnen sehr gut gefallen.	Il m'a beaucoup plu chez vous.
Der Aufenthalt bei Ihnen war sehr angenehm.	Le séjour chez vous était très agréable.
Ich habe mein Französisch verbessert.	J'ai amélioré mon français.
Schicke mir eine E-Mail, wenn du wieder zu Hause bist.	Envoie-moi un e-mail quand tu seras rentré/e chez toi.
Wenn du Zeit hast, kannst du im Sommer zu uns kommen.	Si tu as le temps, tu peux venir chez nous en été.
Meine Eltern laden dich ein.	Mes parents t'invitent à venir.

12 Allgemeine Sprachkontakte

Begrüßung, Verabschiedung

Guten Tag. / Guten Morgen.	Bonjour.
Hallo!	Salut!
Guten Abend.	Bonsoir.
Auf Wiedersehen.	Au revoir.
Tschüss! Bis morgen.	Salut! A demain.
Dann bis heute Abend.	Bon alors, à ce soir.
Dann bis gleich.	Alors, à tout à l'heure.
Bis später.	A plus tard.
Bis bald.	A bientôt.
Bis Samstag.	A samedi.
Schönen Tag noch.	Bonne journée.
Danke gleichfalls.	Merci, à vous aussi.
Schönen Abend.	Bonne soirée.
Schönes Wochenende.	Bon week-end.

Alles Gute!	Bonne chance!
Ich wünsche Ihnen eine gute Nacht.	Je vous souhaite une bonne nuit.
Gute Reise.	Bon voyage.
Schöne Ferien.	Bonnes vacances.
Schönes Fest.	Bonne fête.
Viel Spaß!	Bon amusement.

Höflichkeit

Danke. / Vielen Dank.	Merci. / Merci beaucoup.
Bitte. / Gerne.	De rien.

Das tut mir Leid.	Désolé/e. / Je suis désolé/e.
Das macht nichts.	Ce n'est rien. / Ça ne fait rien.
Das ist nicht schlimm.	Ce n'est pas grave.

Entschuldigung!	Pardon, monsieur/madame.
Entschuldigung! / Verzeihung!	Oh, pardon.
Verzeihung. / Ich bitte Sie um Entschuldigung.	Pardon. / Je vous demande pardon.
Entschuldigen Sie.	Excusez-moi, madame.
Entschuldigen Sie die Störung.	Excusez-moi de vous déranger.
Entschuldigen Sie. Ich habe ganz vergessen, Sie anzurufen.	Excusez-moi. J'ai complètement oublié de vous appeler.
Entschuldigen Sie, dass ich mich etwas verspäte.	Excusez-moi d'être un peu en retard.
Das war keine Absicht.	Je ne l'ai pas fait exprès.
Oh, ich habe mich vertan.	Oh, je me suis trompé/e.

Verständigungsschwierigkeiten

Wie bitte? Ich habe nicht verstanden.	Pardon, je ne comprends pas.
Können Sie das bitte wiederholen?	Vous pouvez répéter, s'il vous plaît?
Entschuldigung, ich habe deinen Namen nicht verstanden.	Pardon, je n'ai pas compris ton nom.
Können Sie bitte etwas langsamer sprechen?	Vous pouvez parler un peu plus lentement, s'il vous plaît?
Könnten Sie bitte etwas lauter sprechen?	Pourriez-vous parler un peu plus fort, s'il vous plaît?
Was ist das? / Was heißt das?	Qu'est-ce que c'est?
Was heißt das auf Französisch?	Qu'est-ce que c'est en français?

Wie wird das gechrieben?	Comment ça s'écrit?
Können Sie das bitte buchstabieren?	Pouvez-vous épeler, s'il vous plaît?

Informationen erfragen

Darf ich Sie etwas fragen?	Je peux vous poser une question?
Kann ich Sie einmal kurz sprechen?	Je peux vous parler pour une minute?
Können Sie mir sagen, wo die Post ist?	Pouvez-vous me dire où est la poste?
Können Sie mir sagen, wo es hier einen Supermarkt gibt?	Pouvez-vous me dire où il y a un supermarché près d'ici?
Wo gibt es hier einen Supermarkt?	Où est-ce qu'il y a un supermarché près d'ici?
Wissen Sie, wo das ist?	Vous savez où c'est?
Wissen Sie / Weißt du, wie viel Uhr es ist?	Vous savez / Tu sais quelle heure il est?
Wo befindet sich die Post?	Où se trouve la poste?
Wann öffnet/schließt die Post?	A quelle heure ouvre/ferme la poste?
Wo befinden sich die Toiletten?	Où se trouvent les toilettes?
Wie komme ich bitte zum Bahnhof?	Pour aller à la gare, s'il vous plaît?
Ist das weit von hier?	C'est loin d'ici?
Gibt es hier in Nähe einen Geldautomaten?	Est-ce qu'il y a un distributeur de billets près d'ici?

Bitte um Hilfe

Können Sie mir bitte helfen?	Pouvez-vous m'aider, s'il vous plaît?
Augenblick, ich helfe Ihnen.	Une minute, je vais vous aider.

Das ist sehr nett.	C'est très gentil.
Das ist sehr nett von Ihnen.	C'est très gentil à vous.
Kannst du mir bitte helfen?	Est-ce que tu peux m'aider, s'il te plait?
Ich habe ein Problem.	J'ai un problème.
Können Sie mir das erklären?	Vous pouvez m'expliquer ça?
Könntest du das reparieren?	Tu pourrais réparer ça?
Könnten Sie mir das auf dem Stadtplan zeigen?	Vous pourriez me montrer ça sur ce plan?
Kann ich deine E-Mail-Adresse haben?	Je peux avoir ton adresse e-mail?

Meinung

Ich finde, das ist ganz gut.	Je trouve que c'est très bien.
Das stimmt.	C'est vrai.
Ich glaube, es ist zu spät.	Je crois qu'il est trop tard.
Das glaube ich nicht.	Ça, je ne crois pas.
Ich meine, er hat Recht.	Je pense qu'il a raison.
Ich persönlich würde das nicht tun.	Moi personnellement, je ne ferais pas ça.
Ich bin der Meinung, dass er/sie Recht hat.	Je suis d'avis qu'il/elle a raison.
Ich bin dafür/dagegen.	Je suis pour/contre.
Ich bin der gleichen Meinung.	Je suis d'accord.
Da bin ich nicht Ihrer Meinung.	Là, je ne suis pas d'accord avec vous.

Wunsch

Ich möchte Ihnen etwas sagen.	Je voudrais vous dire quelque chose.
Ich möchte gern wissen, wann …	Je voudrais bien savoir quand …

Ich würde gern ins Kino gehen.	J'aimerais bien aller au cinéma.
Ich würde lieber mit dem Bus fahren.	J'aimerais mieux prendre le bus.
Wir könnten in die Disco gehen.	On pourrait aller en boîte.

Kann ich Ihnen helfen?	Est-ce que je peux vous aider?
Könnte ich bitte Herrn Petit sprechen?	Est-ce que je pourrais parler à M. Petit, s'il vous plaît?
Könnten Sie mir Ihre Handynummer geben?	Pourriez-vous me donner votre numéro de portable?
Können Sie mir bitte helfen?	Pouvez-vous m'aider, s'il vous plaît?

Von Bernhard Stentenbach sind in der Buchreihe **smf** außerdem folgende Titel erschienen:

Richtig Französisch sprechen
Wortschatz für gutes Französisch
Französische Grammatik fürs Sprechen
Wieder fit in Französisch
Smalltalk Französisch
Französisch – Der Fitmacher
Französisch – Seine Meinung äußern
Kurzgrammatik für aktives Französisch